EL MODELO FREEMIUM

Cómo atraer clientes de forma masiva

Por Mouna Guidiri

En colaboración con Anne-Christine Cadiat

Traducido por Marta Sánchez Hidalgo

Economía y empresa   en50MINUTOS.es

LAS CLAVES PARA EL ÉXITO

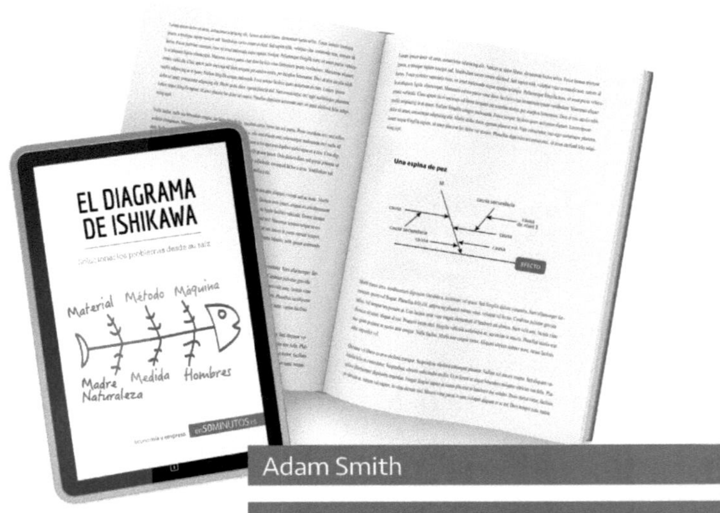

Adam Smith

El principio de Pareto

El estrés laboral

La pirámide de Maslow

www.en50minutos.es

EL MODELO FREEMIUM

DATOS CLAVE

- **¿Denominaciones?** Freemium o *crippleware*
- **¿Utilidad?** Modelo de negocios adaptado a los productos y datos digitales.
- **¿Por qué es eficaz?** Gestión de costes original, atracción masiva de clientes, adaptación a los productos digitales.
- **¿Palabras clave?** Freemium, gratis, premium, digital, tipos de conversión.

INTRODUCCIÓN

There is no such Thing as a Free Lunch («No existe el almuerzo gratis») es el título de la obra del economista americano Milton Friedman (1912-2006) y dice mucho sobre la actitud de la mayoría de los economistas ante la gratuidad: sencillamente, no existe.

> **¿SABÍAS QUE...?** *THERE IS NO SUCH THING AS A FREE LUNCH*
>
> La frase, de autor desconocido, la han popularizado economistas como Friedman. Hace referencia a la ilusión de lo gratuito: todo tiene un precio, ya sea directo o indirecto, visible u oculto.

Sin embargo, basta echar un vistazo a las aplicaciones que se encuentran en Internet para encontrar muchos contraejemplos: de *Spotify* a *Dropbox* pasando por un buen número de antivirus. Sin embargo, cabe destacar que estos productos no son gratis del todo:

* *Spotify* limita el tiempo que se puede escuchar música de forma gratuita;
* *Dropbox* ofrece un espacio limitado de almacenamiento gratuito;
* los antivirus solo ofrecen una versión reducida de protección.

Estas aplicaciones tienen en común su forma de distribución: la oferta comprende una versión gratuita (*free*) y una versión más sofisticada/lograda, de pago (*premium*).

Historia

La distribución de muestras gratis existe desde hace mucho tiempo. Regalar una pequeña cantidad de un producto (alimento, champú, bebida, etc.) es una práctica que da buenos resultados, puesto que permite atraer al cliente y lo lleva sutilmente a comprar el producto. El modelo freemium, que funciona de forma parecida en un medio virtual, se ha inspirado en esta práctica. Esta forma de gratuidad se corresponde con un *business model* (modelo de empresa o de negocios que resume las actividades de una empresa: objetivos, procesos y medios explotados) desarrollado desde los años ochenta, especialmente para los programas informáticos. En 2006 Jarid Lukin, de la empresa *Alacra*, lo nombra «freemium», que combina las palabras *free* y *premium.*

Definición del modelo

El modelo freemium es un modelo de negocios que combina dos estrategias de precios. Para el mismo producto, el modelo propone dos ofertas: una es gratis y permite un libre acceso, la otra es de pago y permite beneficiarse de unos servicios mejores y/o adicionales.

La estrategia de este modelo se basa en el potencial que tiene su versión gratuita para atraer a un gran número de usuarios y, sobre todo, para conservarlos. El objetivo está en convertir al máximo de usuarios de la versión gratuita en usuarios de la de pago.

Es un modelo que no puede explotarse para cualquier producto. Aunque muchos casos ejemplifiquen su adaptación para programas o videojuegos, representa un desafío particularmente para los productos culturales. Se trata de una estrategia cuya plusvalía puede ser consecuente, pero que necesita previamente un análisis minucioso del contexto del producto, de sus servicios vinculados, de sus costes de funcionamiento, de distribución, etc.

TEORÍA Y PRESENTACIÓN DEL CONCEPTO

¿QUÉ TIPO DE GRATUITO?

Existen diferentes tipos de gratuito:

- **lo gratuito para atraer al cliente e incitarlo a comprar el producto**. Este tipo se basa en la venta de productos complementarios junto con una oferta gratis del producto básico (por ejemplo: una maquinilla de afeitar al comprar tres cuchillas);
- **lo gratuito apoyado por un tercero o intermediario**. Este tipo depende de los anunciantes que financian al productor a cambio de un espacio de anuncio, sabiendo que el anunciante está a su vez financiado por el consumidor de manera indirecta (el precio correspondiente a la publicidad está integrado en el precio del producto cubierto por el anunciante);
- **lo gratuito a cambio de renombre**. Este tipo es el más raro en una economía de mercado: la donación a cambio de la atención, de la reputación, etc. que no se valorizan pecuniariamente;

Los tipos de gratuito

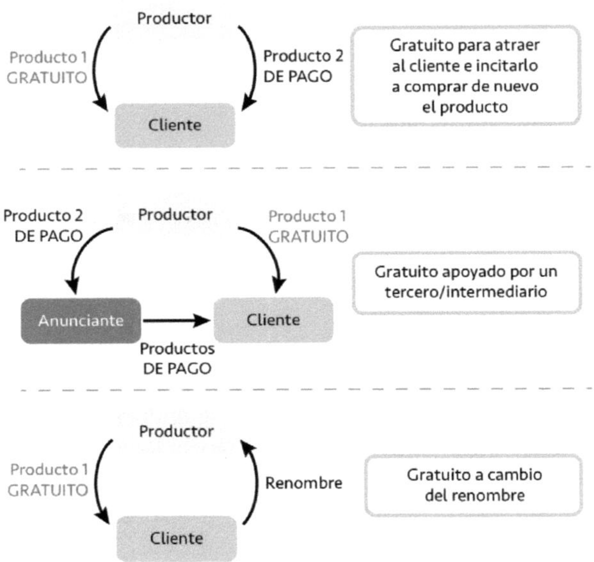

- el **freemium** es el modelo de negocios que explota lo gratuito de forma que una pequeña parte de los consumidores paga por el conjunto de la comunidad de los usuarios que disfrutan de la oferta gratuita.

El freemium

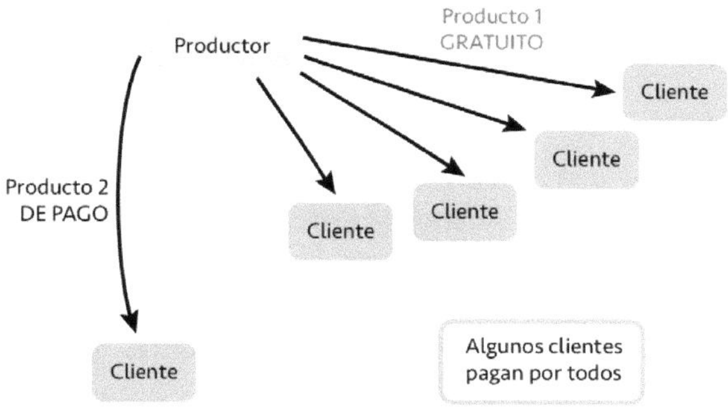

Fred Wilson, capitalista de riesgo, apoya la práctica del freemium y expresa abiertamente su punto de vista en su blog: «Ofreced vuestro servicio de forma gratuita, apoyándoos en ocasiones en la publicidad, adquirid muchos clientes eficazmente por el boca a boca, las redes de referencia, etc. A continuación, ofreced una versión premium proponiendo servicios de pago con un valor añadido o una versión mejorada de vuestro servicio a vuestra clientela de base».

¿SABÍAS QUE...? CAPITALISTA DE RIESGO

Inversor en capital de riesgo. Este tipo de capital hace

referencia a las empresas jóvenes o *startups*, caracterizadas por un riesgo financiero elevado y por un fuerte potencial de desarrollo.

ENTRE FREE Y PREMIUM

El equilibrio del freemium se basa en una oferta mixta que ofrece dos versiones del mismo producto: una gratis y otra de pago.

Cabe destacar que no se trata en absoluto de un modelo socialista cuyo último objetivo sea proporcionar los productos en cuestión a un cierto sector de la clientela de forma gratuita. Las empresas que optan por este plan de negocios esperan adquirir constantemente nuevos clientes dispuestos a pagar por la versión premium.

¿Cómo se financia este modelo gratuito? ¿Cómo lo hace para atraer a clientes premium? Para responder a estas preguntas, es importante señalar que el freemium está particularmente adaptado a los productos digitales o relacionados con las tecnologías de la información, y así relacionados en gran parte con el uso de los ordenadores y de Internet. Ya que el coste de la adquisición y/o del uso de un ordenador y de Internet baja, el desarrollo de productos destinados a estos medios es cada vez menos costoso. Para ilustrar esta bajada de coste de producción, podemos hacer referencia a los archivos MP3, cuyas copias, ya sean 100 o 10 000, casi sólo cuestan la suma desembolsada en la creación de la primera versión. En términos económicos, esta situación es la de un coste marginal (coste generado por la segunda unidad producida), próximo a cero. De esta forma, la venta de un número definido de productos basta para cubrir todos los costes de producción. Esta nueva realidad contribuye mucho al desarrollo del freemium en el mundo digital. Además, resulta posible poner límites de uso en el tiempo o funcionalidad de los productos y servicios digitales.

Puesto que la distribución gratuita de un cierto número de sus productos no genera gastos elevados, las empresas cuyos productos se prestan a ello, aplican este modelo para atraer al mayor número de clientes posible. El interés que tienen los consumidores por lo gratis está íntimamente relacionado con la ausencia de costes de transacciones mentales, pero la rentabilidad de este tipo de modelo se basa en el porcentaje de usuarios –inicialmente atraídos por la gratuidad del producto– que decidirán pagar por la versión premium. A este porcentaje se le llama «tasa de conversión premium». Como es evidente que nadie racional pagaría por un producto que se entrega de forma gratuita, es importante diferenciar las fórmulas free y premium, añadiendo a la segunda versión una plusvalía notable y suficientemente convincente a ojos de los consumidores dispuestos a pagar.

TIPOS DE PREMIUM

Este valor añadido puede tener diferentes formas, agrupadas en diferentes categorías de premium:

- **la primera categoría ofrece opciones suplementarias.** En el marco de una versión básica o *light* (la versión gratuita), se proponen servicios elementales. La versión de pago ofrece los mismos servicios, mejorados o, en ocasiones, otros servicios avanzados. El ejemplo de *Skype* pone de relieve esta observación: los consumidores pueden realizar llamadas de ordenador a ordenador de forma gratuita, pero pagan por las llamadas a los teléfonos móviles. El reto es pasar a los usuarios a la versión más sofisticada desde los servicios básicos;
- **la segunda categoría propone servicios gratuitos, pero con una duración limitada.** Existen dos fórmulas:
  - la primera permite un uso limitado por períodos. *Spotify* permite, por ejemplo, escuchar música de forma gratuita durante 10 horas al mes, y en la versión de pago permite escucharla de forma ilimitada (en *streaming*),
  - la segunda es ideal para los programas informáticos. Una versión de evaluación del paquete *Office* de

Microsoft, por ejemplo, está a disposición de los usuarios de forma gratuita. Está completa, incluye todos los servicios, pero tiene un límite en el tiempo –el acceso se bloquea definitivamente si no se compra la versión completa del software en cierto plazo. En este caso, la compra está motivada por el hábito de uso, que empuja al consumidor a adquirir la versión accesible de forma permanente;

- **la tercera categoría consiste en un límite de cantidad.** Se trata en general de un número gratuito y limitado de megabits (Mb) o de gigabits (Gb), unidades de medida informática que informan de un espacio que concede el productor de este tipo de bienes o servicios. De esta forma, *Dropbox* ofrece de forma gratuita un almacenamiento de datos limitado de 10 Gb, un excedente eventual generaría un pago;

- **la última categoría está en relación con el número de usuarios que se benefician del producto.** Un único usuario puede utilizar el servicio en cuestión de forma gratuita. Si se añade otro usuario al mismo ordenador implica el pago del precio marcado. La aplicación *HipChat* puede ilustrar este último tipo de freemium. La página de Internet ofrece a los cinco primeros usuarios disfrutar de la oferta completa (debate en grupo, normalmente en un marco profesional) de forma gratuita, pero en el momento en el que se inscribe una sexta persona, la oferta gratuita expira y todos los usuarios (incluso los cinco primeros) tienen que pagar un precio fijo al mes.

La primera categoría presenta un tipo de freemium basado en las opciones, mientras que las tres últimas están orientadas a la capacidad. Esta categorización expuesta no es exhaustiva, aunque señala los tipos más comunes de freemium.

A continuación, vamos a aclarar los desafíos a los que se enfrentan los empresarios que optan por el modelo freemium.

LÍMITES DEL MODELO Y EXTENSIONES

El freemium es un modelo de riesgos. Presenta por un lado las ventajas significativas en términos de atracción de la clientela y una gestión original de los costes de producción. Pero por otro lado es un modelo delicado en la aplicación, puesto que comporta muchos riesgos que pueden ser una limitación cuando el modelo está mal adaptado al producto.

LÍMITES Y CRÍTICAS DEL MODELO

Cuidado con los *freeloaders* (aprovechados)

Los aprovechados, a los que solo les atrae el producto porque es gratis, representan el mayor riesgo, puesto que la oferta premium nunca les es suficientemente atractiva. Si, en el caso de una hipótesis extrema, todos los usuarios resultaran ser *freeloaders* (tasa de conversión igual a 0), el modelo freemium sería un verdadero fracaso.

El balance podría ser el mismo si a los consumidores, que no son aprovechados en un principio, no les seducen las ventajas que ofrece la versión de pago.

Se une la competencia

La competencia puede constituir también un peligro importante, algo que no es nuevo. Las ofertas freemium de productos similares propondrán inevitablemente servicios de sustitución. Esta situación puede ocasionar un gran fracaso, puesto que los usuarios pueden hacer malabarismos y pasar de una marca a otra para disfrutar de una oferta gratuita constante y flirtear con la versión premium ilimitada sin pagar.

¿Cliente perjudicado?

Paralelamente a los riesgos que amenazan al empresario, cabe destacar algunos inconvenientes para el consumidor. Citemos en particular el control limitado que éste tiene en el producto gratuito. La capacidad de exigir que tiene el usuario está limitada, es decir, si normalmente el cliente siempre tiene la razón, cuando se le ofrece algo de forma gratuita, se queda sin este privilegio. Una aplicación gratis en Internet puede, por ejemplo, desaparecer de un día a otro sin la obligación de un previo aviso, perjudicando posible-mente a los clientes acostumbrados a la oferta.

Por otro lado, hay un caso de freemium muy polémico: el principio del *Pay2Win* («paga para ganar») en el mundo de los videojuegos. Detectado en los consumidores de lo gratuito, este fenómeno parcial destaca el hecho de que los jugadores que se incorporen a la versión premium aumen-tan sus posibilidades de ganar sin que esto esté relacionado con su talento.

EXTENSIONES Y MODELOS CONEXOS

Cuando la publicidad financia

El adware o «software publicitario» es una de las exten-siones del freemium. Se trata de servicios ofertados gra-tuitamente, pero acompañados de mensajes publicitarios permanentes, a veces muy intrusivos. Esta publicidad permite cubrir los costes del desarrollo del software o del videojuego permitiendo que siga siendo gratis. Sin embargo, es posible beneficiarse de una versión sin publicidad pagando. Podemos encontrar similitudes entre el adware y el freemium si consideramos que la versión premium se corresponde con la versión sin publicidad.

El freeware: esto no es un software libre

El freeware («software gratis») es un software que se puede usar de forma gratuita, pero cuyos usos son limitados. La versión gratuita puede explotarse como producto reclamo para forzar a los usuarios a adquirir la versión de pago u otros productos de la empresa. El objetivo puede ser crear un efecto de adicción al producto: como se ofrece gratis, es un modelo en la materia. Esta última técnica puede apoyarse en el *trial* o periodo de prueba: lo gratis tiene un límite de tiempo.

La cultura se dedica al freemium

Cuando se analizan los límites y, sobre todo, se usan como indicadores de la adaptabilidad –o no– del producto disponible en la versión freemium, el modelo conserva todo su potencial de rentabilidad.

La prueba de su pertinencia es la extensión que hacen de él algunas industrias, en particular las que están en relación con la cultura. La industria de la música, por ejemplo, se caracteriza por un coste marginal muy reducido, debido a la invención del CD-ROM y, más tarde, del MP3. Además, algunos artistas, como Radiohead en 2007 y Nine Inch Nails en 2008, han adoptado el freemium y han hecho de él una fuerza comercial: han decidido compensar que la descarga de su álbum sea gratis con el aumento de los precios de las entradas de sus conciertos o con la venta de versiones especiales de sus discos.

APLICACIÓN DEL CONCEPTO

CONSEJOS Y BUENAS PRÁCTICAS

En la práctica, el éxito de un modelo de negocios de tipo freemium supone el respeto de ciertos puntos que hay que considerar antes de juzgar la adaptabilidad del producto en cuestión.

Estos factores de éxito pueden resumirse en cuatro etapas.

- Se trata en primer lugar de dar en el blanco y conseguir clientes potenciales: el mecanismo del freemium está estrechamente relacionado con el número de consumidores de la versión gratuita. De hecho, cuantas más sean las personas que estén interesadas en el uso gratis de la versión básica o reducida, mayores serán las posibilidades de contar con verdaderos clientes dispuestos a pagar para pasar a la versión más sofisticada.

Factor de éxito: el público en cuestión tiene que ser extenso. Como el porcentaje de clientes que optan por la versión de pago suele ser menor, conviene ampliar la base de los consumidores de lo gratuito para que el número de convertidos al premium sea suficiente para cubrir los costes de la producción. Esto supone una buena visibilidad de los productos y una puesta de relieve del aspecto gratuito.

- A continuación, es importante garantizar una buena calidad: hablábamos antes de la limitada capacidad de exigencia que posee el cliente, justificada porque el producto es gratis, pero hay que matizar esta idea: si el productor quiere seducir al cliente y hacerle adquirir el premium, debe poner a su disposición una fórmula gratuita cuyas opciones (no muy limitadas) ofrezcan una idea ajustada de la versión de pago. De forma parecida a las muestras de perfume que se distribuyen gratis para atraer a nuevos clientes, lo *free* debe representar correctamente a lo premium. La ilusión del premium, construida por la versión gratuita, estará reforzada por el boca a boca y las redes, que tienen un papel fundamental en la comunicación. Esta realidad tiene doble filo, puesto que una información que delata la falta de calidad del producto también puede circular con rapidez e influenciar de forma más intensa que en el caso de un producto normal. Esta influencia ejercida por los líderes de opinión se traduce en una reducción o un incremento del número de usuarios de la versión gratuita y de la versión premium.

Factor de éxito: se trata de considerar el freemium como un modelo que permite al cliente probar el producto antes de comprarlo. La misión es satisfacer al cliente en términos de calidad y unirlo a su proyecto.

• También es juicioso minimizar los costes de funcionamiento de la versión gratuita: esta minimización tiene como objetivo reducir el número de usuarios premium que debe alcanzarse para cubrir los gastos de producción y de comercialización de las dos versiones. Este proceso está directamente relacionado con el coste marginal de la producción, que tiene que acercarse lo máximo a cero. Es decir, la duplicación del producto en su versión gratuita y de pago debe costar lo mínimo. Conviene mantener el mismo razonamiento para su distribución: hay que encontrar un transporte de bajo coste, rápido y sin limitaciones. La clave del éxito: la financiación de la producción de las dos versiones del producto por la adhesión de pago de los clientes premium. En el caso de los datos digitales, la aplicación del modelo freemium, como ya hemos visto, no plantea problemas, puesto que el coste marginal y la distribución son fácilmente controlables. Sin embargo, estas variables pueden representar un verdadero obstáculo si este modelo de negocios se aplica a un producto material.

Factor de éxito: como en la primera etapa, se trata de encontrar un equilibrio de financiación, aunque esta vez nos focalicemos en la oferta. Si la primera etapa tenía como objetivo el aumento de los compradores potenciales, esta tiene la reducción de los costes potenciales de producción.

- Finalmente, la última etapa consiste en incitar a pasar al premium: se trata del mayor desafío del modelo freemium. Si respeta todas las etapas precedentes, la versión gratuita es susceptible de llamar la atención de un máximo de usuarios. Como hemos mencionado en la primera etapa, este aumento condicionará ulteriormente el número de clientes premium. Sin embargo, la situación inicial (muchos usuarios de la versión gratuita, pero pocos clientes premium) puede estancarse si las características satisfactorias de la versión gratuita reducen el interés por la versión premium. Por ello, es importante seleccionar el buen tipo de freemium (véase parte 1) y los buenos servicios complementarios contenidos únicamente en la versión de pago. Los beneficios sacados del paso al premium deben ser visibles y fácilmente evaluables.

Factor de éxito: la tasa de conversión es lo que nos interesa a lo largo de esta etapa. Esta tasa, añadida a los costes de funcionamiento del modelo, concretiza el éxito o fracaso del freemium. Se alcanza una tasa de conversión elevada gracias a una fidelización de los usuarios de lo gratuito y gracias a la adopción de una buena estrategia, sea por las ventajas propuestas en la versión premium o por la claridad y visibilidad de las informaciones sobre estas ventajas.

«Si la prueba satisface al consumidor y además la oferta premium lo seduce, la apuesta se sostiene y se mantiene el equilibrio».

ESTUDIO DE CASO: *SKYPE* Y *SPOTIFY*

Skype

Janus Friis (nacido en 1976) y Niklas Zennström (nacido en 1966) diseñaron *Skype* en 2003 como un nuevo medio gratuito de comunicación instantánea, tanto escrita (IM: *Instant Messaging*) como oral (VoIP: *Voice over IP*). Estas dos dimensiones las completaron posteriormente la opción de las videollamadas. *eBay* compra *Skype* en 2006 y luego *Microsoft* lo compra en 2011.

Paralelamente a su oferta de servicios gratuitos, este concepto innovador propone servicios premium de pago, particularmente el *SkypeOut*, que permite llamadas a teléfonos fijos y móviles. Aunque no sea gratis, este servicio es competitivo para las comunicaciones telefónicas estándares, sobre todo cuando se trata de llamadas a larga distancia. Por otro lado, también es posible adquirir un número *Skype* para recibir llamadas que provienen de teléfonos fijos y móviles. Es el llamado *SkypeIn*.

A primera vista, los usuarios potenciales de *Skype* son numerosos. La posibilidad de usar el ordenador, los gastos de comunicación económicos y la buena calidad de las llamadas seducen de entrada a los usuarios y los empujan a adoptar esta aplicación revolucionaria. Además de esta argumentación centrada en la calidad del servicio, el efecto de red tiene un papel importante y atrae más sutilmente a clientes potenciales: las funcionalidades puestas a disposición por *Skype* en su versión gratuita son inútiles si los amigos del usuario en cuestión no disponen de una cuenta *Skype*. En concreto, es más difícil pasarse a un programa si hay que convencer a toda su lista de contactos para que haga lo mismo. En cuanto al atractivo de la versión premium, deriva en primer lugar de la fidelización descrita previamente y en segundo lugar de la oferta de precios, que compite con la telefonía estándar.

De media por mes, unos 184 millones de personas utilizan *Skype*. Entre ellas, 8,1 millones se han suscrito a una de las dos versiones premium. Con una tasa de conversión de más del 6% y una tecnología que evoluciona al mismo ritmo que los ordenadores de los usuarios, la rentabilidad de la aplicación está asegurada.

Además, se han reducido los costes de funcionamiento. Por

ejemplo, en 2010 solo 65 de sus 839 empleados trabajaban en el servicio de atención al cliente. El servicio de posventa se ha reemplazado parcialmente por los foros de discusión y de ayuda mutua entre los usuarios.

Sin embargo, existen varios riesgos: la competencia que representa *Skype* con relación a las operadoras telefónicas podría llevar a éstas a anular sus distintas alianzas y bloquear la posibilidad de *SkypeOut* o de *SkypeIn* anulando así el acceso de *Skype* a sus redes, por ejemplo.

Por otro lado, la reciente adquisición de *Skype* por *Microsoft* no facilita las previsiones con relación a la evolución del modelo de negocios de este medio de comunicación revolucionario. ¿Hay que contemplar su transformación en un servicio de pago completo? Lo cierto es que el mercado del VoIP promete muchas acciones para la próxima década y que hay que tener en cuenta muchas vías de desarrollo.

En resumen, el ejemplo de *Skype* presenta todas las etapas que hay que seguir y criterios que hay que respetar para hacer del freemium un verdadero éxito, aunque existan riesgos de desviación. En este caso, se puede tratar tanto de riesgos relativos a la estructura de los costes (anulación de alianzas con operadores telefónicos) como de amenazas para los usuarios (paso a un modelo de pago para todos los servicios).

Spotify

El interés de *Spotify* como estudio de caso en nuestra presentación del modelo freemium reside en mostrar esta nueva ola de aplicaciones que permiten escuchar música en línea de forma gratuita.

Spotify nació en 2006 gracias a dos empresarios suecos: Daniel Ek (nacido en 1983) y Martin Lorentzon (nacido en 1969). El servicio principal que ofrece esta aplicación es el *streaming* (difusión mediante corriente continua opuesta en Internet a la difusión por descarga) de música en línea. Este servicio se presenta de tres formas:

- la forma más básica, gratuita, corresponde al *Spotify Open* que permite escuchar de forma gratuita música en línea. Sin embargo, la música se ve regularmente interrumpida por la publicidad;
- la segunda opción consiste en el *Spotify Unlimited* que elimina la publicidad mediante el pago mensual de una suma fija;
- la tercera propuesta, más cara y lograda, completa las dos primeras con la posibilidad de utilizar la misma cuenta en la tableta y el smartphone, e incluso sin Internet. Se trata del *Spotify Premium*.

Para atraer y constituir una buena base de usuarios de la versión gratuita, *Spotify* no se ha beneficiado directamente de un efecto de red como en el caso de *Skype*. Se han utilizado dos técnicas para paliar esta falta:

1. **una colaboración con redes sociales como Twitter y Facebook**. Esta estrategia ha permitido a los usuarios de *Spotify* la posibilidad de compartir canciones en estas redes. Puesto que la música compartida de esta forma solo se puede escuchar tras la instalación de Spotify y

la creación de una cuenta, se ha observado un aumento rápido del número de usuarios;

2. **una estrategia de inscripción únicamente por invitación (al comienzo).** Como estas invitaciones estaban limitadas, los usuarios que querían compartir su experiencia de escucha musical tuvieron que escoger entre sus contactos e invitar únicamente a los más susceptibles de apreciar los servicios de *Spotify* en su justa medida. De esta forma *Spotify* ha contado, desde el principio, con una mayor parte de clientes premium potenciales.

En cifras, esto supone 10 millones de usuarios actuales, entre los cuales un millón están abonados.

El mayor obstáculo que ha encontrado la empresa ha sido la obligación de comprar las licencias indispensables para la difusión de la música a las productoras y los sellos en cuestión. Esta dependencia es la que genera la mayoría de los gastos, puesto que el *streaming* en sí mismo no es costoso (el programa se instala en el ordenador del propio usuario, como para *Skype*). Esto representa una amenaza en cuanto a la condición relativa al coste marginal cerca de cero, esencial en el freemium.

En cuanto a la evolución del modelo de *Spotify*, cabe destacar algunos cambios importantes. Por ejemplo, el *streaming* ilimitado ofertado a los usuarios de la versión gratuita se ha limitado desde 2012 de dos formas: la primera por una limitación del tiempo, 10 horas mensuales para escuchar música de forma gratuita, mientras que la segunda se basa en el número de reproducciones, no más de cinco por canción.

¿Esta evolución refleja una voluntad de *Spotify* de pasar a un modelo de negocios más estándar donde se tendrán que pagar todos los servicios? Es posible, en relación con la importante base de usuarios ya constituida que podría bastar para una conversión de pago.

En conclusión, *Spotify* se caracteriza por la originalidad de la combinación de varios modelos de negocios: la financiación por las suscripciones, pero también por la publicidad, la explotación de ésta para hacer las versiones *Unlimited* y *Premium* más atractivas, etc. Además, a largo plazo, no se excluye la posibilidad de adoptar un sistema donde únicamente una cuenta premium estaría disponible, puesto que la estructura de los costes es más compleja debido a la dependencia de los sellos de música.

EN RESUMEN

- Existen muchos tipos de gratuidad en la economía de mercado. El freemium es uno de ellos. Consiste en ofrecer dos versiones de un producto o servicio: una gratuita (*free*) y otra de pago (*premium*).
- La ventaja de la versión de pago corresponde normalmente al acceso a varios servicios mejorados o suplementarios en relación con la versión gratuita.
- El objetivo de esta estrategia es atraer a un máximo de clientes en primer lugar.
- En segundo lugar, el objetivo es maximizar la tasa de conversión, que hace referencia al porcentaje de usuarios de la versión gratuita que se convierten en usuarios de la versión premium.
- Existen numerosas categorías del freemium: la versión premium puede ofrecer opciones suplementarias (*Skype*), permitir utilizar el servicio en cuestión de forma ilimitada (*Spotify*) o en cantidad ilimitada (*Dropbox*) y también puede permitir a numerosos usuarios acceder al mismo producto (*HipChat*).
- El freemium no es un modelo de negocios adaptado a todos los productos: algunos riesgos como los *freeloaders* (aprovechados) o una competencia intensificada pueden anular su plusvalía.
- El inconveniente para el usuario es el control limitado que tiene en la versión gratuita.

¡Tu opinión nos interesa!
¡Deja un comentario en la página web de tu librería en línea,
y comparte tus favoritos en las redes sociales!

PARA IR MÁS ALLÁ

FUENTES BIBLIOGRÁFICAS

- Andersen, Chris. 2009. *Free: the Future of a Radical Price.* Londres: Pearson.
- Anónimo. 2011. "The Best and Worst Uses Of The Freemium Business Model". *Compare Business Products.* 25 de enero. Consultado el 14 de mayo de 2014. http://www.comparebusinessproducts.com/fyi/best-worst-freemium-businesses
- Beecroft, Nikki. 2013. "Demystifying the Freemium Model". *Binkd.* 16 de agosto. Consultado el 14 de mayo de 2014. http://binkd.com/marketing/demystifying-the-freemium-model/
- Bomsel, Olivier. 2010. *L'économie immatérielle: industries et marchés d'expériences.* París: Gallimard.
- Skype. Consultado el 14 de mayo de 2014. http://www.skype.es
- Spotify. Consultado el 14 de mayo de 2014. http://www.spotify.es/
- Porter, Michael. 2011. "Strategy and the Internet". *Harvard Business Review.* Marzo.
- Rosoff, Matt. 2010. "Spotify Bleeding From Licensing Costs". *Business Insider.* 22 de noviembre. Consultado el 14 de mayo de 2014. http://www.businessinsider.com/spotify-needs-mo-re-paying-subscribers-to-survive-2010-11
- Wiels, J. 2012. "Le Freemium, nouvelle recette ou vieille formule?". *Regards sur le numérique.* 26 de marzo. Consultado el 14 de mayo de 2014. http://www.rslnmag.

fr/post/2012/03/26/Le-freemium-nouvelle-formule-ou-vieille-recette-.aspx

- El modelo Freemium. Consultado el 14 de mayo de 2014. http://www.freemium.org
- Wilson, Fred. 2006. "My Favorite Business Model". *AVC*. 23 de marzo. Consultado el 14 de mayo de 2014. http://www.avc.com/a_vc/2006/03/my_favorite_bus.html

en50MINUTOS.es
Historia
Economía y empresa
Coaching
EL DIAGRAMA DE ISHIKAWA
Material
Método
Máquina
Madre Naturaleza
Medida
Hombres
LA GUERRA DE PALESTINA DE 1948
ADAM SMITH